AF324382

ALLOCUTION

PRONONCÉE

A l'occasion du Mariage de

M. LE COMTE DE NUGENT

ET DE

MLLE CHRISTINE D'ESPAGNET

Le 31 Mars 1880, dans l'Église Saint-Jean-de-Malte, à Aix

PAR

M. LE CHANOINE ANT. RICARD

Professeur de Dogme à la Faculté de Théologie d'Aix

MARSEILLE

IMPRIMERIE ET LITHOGRAPHIE JOSEPH CHAUFFARD

20, RUE DES FEUILLANTS, 20

—

1880

ALLOCUTION

PRONONCÉE

A l'occasion du Mariage de

M. LE COMTE DE NUGENT

ET DE

MLLE CHRISTINE D'ESPAGNET

Le 31 Mars 1880, dans l'Église Saint-Jean-de-Malte, à Aix

PAR

M. LE CHANOINE ANT. RICARD

Professeur de Dogme à la Faculté de Théologie d'Aix

MARSEILLE

IMPRIMERIE ET LITHOGRAPHIE JOSEPH CHAUFFARD

20, RUE DES FEUILLANTS, 20

—

1880

ALLOCUTION

PRONONCÉE

à l'occasion du Mariage de

M. LE COMTE DE NUGENT

ET DE

Mlle CHRISTINE D'ESPAGNET

———⌇⌇———

Constituer cette grande chose, qu'on appelle UN FOYER CHRÉTIEN, fut, de tout temps, l'une des principales préoccupations de l'Église. Héritière des traditions de son divin Fondateur, inspirée de son esprit, assistée de sa fidèle présence, elle sait que Dieu et son Christ n'ont semblé avoir rien de plus à cœur que cette grande œuvre.

C'est que rien en effet n'est plus grand et

plus beau, et je ne sais vraiment si, parmi les œuvres du Créateur, il en est une de plus importante que la constitution du foyer conjugal. En fixant, dès l'origine, l'unité et l'indissolubilité de ce lien, Dieu a fondé la famille et quand son Fils est venu restaurer l'œuvre primitive, il en a de nouveau assis les bases et il en a réparé les brèches d'une façon sublime, en élevant ce contrat, déjà essentiellement religieux, à la dignité de sacrement.

Bien plus, voulant rallumer ce foyer que les passions grossières et les ignorances fatales avaient presque éteint par toute la terre, Jésus-Christ, afin de sauver l'ordre social en relevant la famille, donna aux époux un idéal sacré, comme il ne pouvait appartenir qu'à un Dieu de le donner.

C'est le grand Apôtre qui nous l'a dit. Ecoutez-le : *L'union de l'homme et de la femme est un grand symbole... dans le Christ et dans l'Église.* (Aux Éphésiens, v.)

Puis, saint Paul développe, dans la mâle énergie de son simple langage, le type et l'idéal qui résultent de cette notion. Il faut relire cette page sublime où le Docteur des nations est amené à conclure que ce qu'a été le Christ pour l'Église, il faudra désormais que le mari le soit pour sa femme, aimant, fidèle, généreux jusqu'au sacrifice de soi-même et sanctifiant l'épouse de son choix par une assistance de tous les instants. En retour, ce que l'Église est pour le Christ, la femme chrétienne le sera pour son mari. Elle se tiendra, comme l'Église, unie à son époux par la foi, par la dilection, par cette soumission fidèle que l'Église conserve à son Époux divin, à travers les siècles, afin de perpétuer la race des Saints.

J'ai dit : perpétuer la race des Saints.

Cette pensée m'émeut, au moment où deux âmes, jeunes et aimantes, viennent donner à l'Église, en lui demandant de bénir leurs serments, la consolation de voir se constituer, sous ses yeux, un foyer qui sera chrétien, parce que, pour l'être, il n'aura qu'à perpétuer les grandes traditions d'un glorieux passé.

On est de la race des Saints dans votre antique famille, Monsieur. Quand ils s'élancèrent de la forte terre des conquérants, vos ancêtres emportèrent du sol chrétien des Gaules une foi si généreuse, que la Providence les fixa sur la terre des Saints. Elle prévoyait les luttes de l'avenir et elle voulut que l'Irlande abritât le foyer des Nugent, pour que, à l'heure des combats de la foi, le peuple d'Erin eut à sa tête des chefs, aussi vaillants défenseurs de leur *Credo* qu'ils furent toujours les braves héros du patriotisme national. L'Église et la patrié ! La Foi et l'Honneur ! N'est-ce point là toujours la noble et chrétienne devise des vôtres ? Et aujourd'hui que, revenu parmi nous sans quitter l'Irlande, vous êtes de ces Irlandais en qui la France reconnait ses enfants, n'est-ce pas encore là le double sentiment qui remua les fibres généreuses de votre âme, quand, voulant choisir une carrière, vous n'en avez pas vu de plus belle que la carrière où le gentilhomme pourra donner son sang pour la France ; et quand, choisissant une épouse, vous avez dit que, donnant votre cœur, vous garderiez le droit de continuer à servir la France.

Elle vous a compris, Monsieur, celle qui prend votre nom avec une fière joie et qui vous donne son cœur avec une virginale confiance. Elle vous a compris, parce que sa race est digne de la vôtre. Provence et Bretagne ! berceaux des deux familles qui s'unissent pour vous la confier, ne suffit-il pas de les nommer, ces deux provinces, sœurs par la foi et sœurs par la bravoure, qui se tendent fraternellement la main à travers les distances, pour faire l'histoire des aïeux de votre fiancée, quand j'aurai dit qu'ils furent l'honneur de Bretagne et la gloire de Provence, et que l'Église les trouva toujours au premier rang de ses fidèles, comme le pays aux postes avancés de ses défenses héroïques.

Puis, Mademoiselle, laissez-moi rappeler ce souvenir, puisque la Providence, avant de m'appeler au sein de notre chère petite Sorbonne aixoise, — dont les débris furent relevés, au début de ce siècle par l'un de vos grands-oncles, — m'avait placé près du pieux asile où votre âme a grandi sous l'œil de Dieu, et où j'ai pu suivre le développement des vertus que vous apportez aujourd'hui au foyer conjugal. Il vous souvient peut-être, ma fille — permettez-moi de vous redonner ce nom que votre filiale confiance m'autorisait alors à vous donner. — Il vous souvient, n'est-ce pas, de ces jours où votre application à l'étude de nos saints dogmes et votre désir de répondre aux grâces du ciel vous

valaient souvent, ainsi qu'à votre pieuse et digne
sœur, la gloire, enviée par vos compagnes, de
leur être proposée pour modèle et pour exemple.
Je rappelle ces humbles choses, parce que le
passé de l'adolescence garantit l'avenir de la
jeunesse et de l'âge mûr. Et quand votre
excellente mère me demanda de prêter mon
ministère d'ami au grand acte que vous allez
accomplir, elle le sait bien, toute mon âme a
tressailli, parce que le prêtre se réjouit toujours,
quand il bénit les origines saintes d'un foyer,
chrétien comme le sera le vôtre.

Ah ! qu'il bénisse donc vos serments, le
Dieu qui bénit l'union des fortes races ! Sous
le regard ému de vos dignes parents, parmi
lesquels mon souvenir reconnaissant salue
volontiers l'auteur des *Pensées*, si croyantes et

si ingénieuses, dont les lecteurs de Provence
sont habitués à faire leur substantielle nourri-
ture; sous la bénédiction de ces aïeux, dont
l'ombre plane à cette heure sous. ces voûtes
vénérables où elles se retrouvent à l'aise; parmi
cette assistance d'amis, heureux de votre
bonheur, donnez à la sainte Église la joie
maternelle de voir deux de ses enfants, en qui
revivent tant de souvenirs qui lui sont chers,
s'unir pour perpétuer la race des saints, en
fondant LE FOYER CHRÉTIEN!

2